# Avis de recherche

ALINE MARIAGE

**Direction éditoriale :** Béatrice Rego
**Marketing :** Thierry Lucas
**Édition :** Aude Benkaki
**Couverture et conception maquette :** Dagmar
**Mise en page :** AMG
**Illustrations :** François Davot

© 2019, SEJER
ISBN: 978-209-031261-4

© 2019, SANTILLANA EDUCACIÓN, S.L.
Torrelaguna, 60 – 28043 Madrid
ISBN: 978-84-904-9337-3

Dépôt légal : mai 2019

# DÉCOUVRIR

## 1. Devine.

Regarde les illustrations et essaie de trouver le sujet de l'histoire.
a. Un chien est volé par un laboratoire.
b. Un groupe de vieilles dames fait un trafic d'animaux.
c. Un garçon cherche son chien.
d. Un adolescent attaque des vieilles dames.

## 2. Imagine.

Dans cette histoire, une personne abandonne sa maison et sa famille. À ton avis, pourquoi ?

## 3. Situe.

Toulouse est la capitale de la région Midi-Pyrénées. C'est une jolie ville en pierres roses. C'est pourquoi elle s'appelle *La ville rose*. Il y a environ 650 000 habitants. 100 000 d'entre eux sont étudiants.

Toulouse est un grand centre aéronautique. C'est à Toulouse que sont construits les avions *Airbus*.

Le canal du Midi unit l'Atlantique à la Méditerranée. C'est un très beau canal et il passe par Toulouse. Actuellement, il sert au tourisme.

# PERSONNAGES

**Caïman :**
c'est le chien
de Matéo.
Il a beaucoup
de caractère !

**Matéo :**
il a 13 ans.
Il va tout faire
pour retrouver
son chien.

**Les vieilles dames :**
ce sont les amies
de Matéo. Elles sont
très gentilles
et dynamiques.

**Julien :**
il a 15 ans.
Il déteste l'école
et il adore
la magie.

**CHAPITRE 1** Un chien disparaît

« Aujourd'hui, c'est une belle journée. Une belle journée d'octobre : le ciel est bleu, l'air est chaud. C'est une belle journée pour courir au bord du canal, jouer avec les feuilles qui tombent des arbres et **faire peur** aux **canards** qui avancent les uns derrière les autres. Oui, vraiment, c'est une belle journée pour sortir. » pense Caïman.

Caïman est un chien, un fox-terrier, et comme tous les chiens, Caïman pense. Mais pour un chien, penser est inutile parce que c'est le **maître** qui décide et le maître de Caïman, Matéo, est au collège.

« **Encore** une belle journée perdue ! » soupire Caïman.

Ah ! Caïman se sent abandonné ! Toute la semaine, Matéo est au collège et Caïman dans le jardin. Toute la semaine, la maison est **vide** : le père de Matéo travaille, la mère de Matéo travaille et Camille, la sœur de Matéo, est à l'université et elle n'habite pas à la maison !

---

**disparaître** : *cesser d'être visible (contraire d'apparaître).*
**faire peur** : *provoquer un sentiment d'inquiétude.*
Cet homme a un air méchant. Il me fait peur.
**un canard** : *oiseau aux pattes palmées.*
**le maître (du chien)** : *propriétaire (du chien).*
**encore** : *à nouveau.*
**vide** : *ici, sans une seule personne.*

CHAPITRE **1** **Un chien disparaît**

« Ah ! Ces familles modernes ! » pense Caïman.

Caïman est un chien conservateur : il préfère les familles traditionnelles parce que, dans les familles traditionnelles, le père promène le chien, la mère donne à manger au chien et surtout, surtout, les enfants jouent avec le chien. Oui mais voilà : un chien ne choisit pas sa famille. C'est la famille qui choisit le chien !

Ce matin, Caïman est de très mauvaise humeur. Il déteste cette famille qui ne s'occupe pas de lui. Il court dans toutes les directions et fait pipi sur les fleurs.

Subitement, il voit que la petite porte du jardin est ouverte et il a une idée terrible :

« Adieu, famille sans cœur ! Si vous m'aimez... trouvez moi !!! »

* * *

Et c'est ainsi qu'à 18 heures, après l'école, Matéo, élève de cinquième au collège des Arènes, à Toulouse, fils de Xavier, décorateur au théâtre Daniel-Sorano et de Florence, kinésithérapeute, et petit frère de Camille, étudiante en deuxième année

---

très : *énormément.*
sans cœur : *indifférent, incapable d'aimer.*
et c'est ainsi que : *et c'est de cette manière que.*
Toulouse : *ville du Sud-Ouest de la France.*
un kinésithérapeute : *professionnel paramédical qui s'occupe des douleurs musculaires, etc.*

« Adieu, famille sans cœur !
Si vous m'aimez… trouvez-moi !!! »

CHAPITRE **1** **Un chien disparaît**

d'Arts plastiques, c'est ainsi que Matéo découvre que son chien n'est pas à la maison !

D'abord, Matéo pense à un voleur de chiens. À cause de la porte du jardin qui est ouverte. Mais son idée est stupide : Caïman a très mauvais caractère ! Qui va voler un chien qui a mauvais caractère ?!

Alors, Matéo décide d'aller interroger les vieilles dames du canal. Les vieilles dames vivent seules : le mari est mort, les enfants habitent dans une autre ville et les petits-enfants ne pensent pas à téléphoner. Les vieilles dames aiment se promener. Elles se donnent rendez-vous au bord du canal, et elles se racontent des histoires de vieilles dames. Parfois, elles sont accompagnées d'un chien qui est vieux comme elles. Toutes les vieilles dames adorent Matéo parce qu'il aime parler avec elles et elles trouvent Caïman très mignon !

Les vieilles dames sont très surprises de voir Matéo sans son chien. Non, elles ne savent pas où est Caïman. Les vieilles dames s'inquiètent mais c'est normal pour les vieilles dames.

---

**un voleur :** *personne qui prend, sans autorisation, une chose qui appartient à une autre personne.*
**parfois :** *de temps en temps. Parfois, pas toutes les semaines, je vais au cinéma avec mes copains le samedi après-midi.*
**mignon :** *(qui a un aspect) agréable, joli.*
**s'inquiéter :** *se préoccuper.*

Toutes les vieilles dames adorent Matéo…

– Est-ce que Caïman a un collier avec son adresse ? demande une vieille dame.
– Naturellement, répond Matéo, un très beau collier rouge.

Les vieilles dames s'inquiètent moins maintenant. Elles donnent des conseils à Matéo. Elles parlent en même temps. Elles disent qu'elles vont observer le canal tous les jours.

– Et la nuit aussi, dit Sophie, une vieille dame qui a des insomnies.

CHAPITRE **1** **Un chien disparaît**

Elles disent qu'**il faut** appeler tous les laboratoires parce qu'ils font des expériences avec les animaux.

– En particulier les laboratoires de cosmétiques, dit Annette qui est très coquette.

– Et aussi les cirques, parce que les fox-terriers sont très intelligents ; il y a **beaucoup de** fox-terriers dans les cirques, dit Françoise qui va parfois au cirque avec ses petits-enfants.

Les vieilles dames ont toujours des idées.

– Et la **SPA**, n'oubliez pas la SPA, dit Roberte.

Le chien de Roberte vient de la SPA. Les vieilles dames ont une grande expérience.

– Mais surtout, va au commissariat de police, répètent toutes les vieilles dames.

– Mais le commissariat, c'est pour les personnes, répond Matéo.

– Les personnes, les enfants, les animaux, les objets…

Le commissariat c'est pour tout le monde, disent les vieilles dames.

Et c'est ainsi que Matéo, un soir d'octobre, décide d'aller au commissariat, le **lendemain** matin, pour déclarer la disparition de son chien.

**il faut :** *c'est nécessaire.*
**beaucoup de :** *un grand nombre de, une grande quantité de.*
**la SPA :** *Société Protectrice des Animaux.*
**le lendemain :** *le jour suivant.*

# COMPRENDRE

## 1. Replace dans l'ordre.
Remets les phrases dans l'ordre chronologique.
a. Matéo découvre que son chien n'est pas à la maison.
b. Matéo décide d'aller au commissariat.
c. Elles ne savent pas où est Caïman.
d. Caïman se sent abandonné.
e. Les vieilles dames ont toujours des idées.
f. Matéo décide d'aller interroger les vieilles dames.

## 2. De qui s'agit-il ?
Relie les phrases et les personnages.

a. Elle a des insomnies.          1. Annette
b. Il a mauvais caractère.        2. le père de Matéo
c. Elle est coquette.             3. Sophie
d. Elle a des petits-enfants.     4. Caïman
e. Il est décorateur.             5. Françoise
f. Il a une sœur.                 6. Matéo

## 3. Réponds.
Pour retrouver Caïman, quelles idées les vieilles dames donnent à Matéo ?

..................................................................................
..................................................................................
..................................................................................

**CHAPITRE 2** Avis de recherche

Matéo dort très mal cette nuit-là : **il imagine le pire** pour Caïman. Il se sent coupable aussi : c'est vrai qu'il n'a pas beaucoup de temps pour s'occuper de son chien. Son seul jour de libre, c'est le dimanche. Et le dimanche, il doit ranger sa chambre et aider sa mère ! Maintenant que Camille est à l'université, il a beaucoup de travail à la maison !

« Caïman préfère vivre seul, c'est **sûr** ! » pense Matéo dans son lit.

\* \* \*

Au commissariat, Matéo n'attend pas longtemps : les enfants qui viennent seuls dans un commissariat, ce n'est pas habituel. Une femme avec un uniforme de policier s'approche :

– Tu cherches tes parents ?

– Non, je cherche mon chien. C'est un fox-terrier. Il s'appelle Caïman.

La femme policier rit.

---

**un avis de recherche :** *information écrite pour retrouver une personne, un animal disparu.*
**il imagine le pire :** *il imagine une situation catastrophique.*
**sûr :** *certain, évident.*

13

CHAPITRE **2** **Avis de recherche**

– C'est un nom très spécial pour un chien !
– Parce que Caïman a une très grande bouche. Quand il n'est pas content, il montre les dents. C'est très impressionnant, vous savez !
– Comme la bouche d'un crocodile, alors ? demande la femme policier.
– Exactement ! C'est pour ça qu'il s'appelle Caïman.
« Ah ! Les adultes, soupire Matéo, ils n'ont pas beaucoup d'imagination ! Il faut toujours tout expliquer. »
– Et ton chien, il est comment, à part sa mâchoire très impressionnante ?
– Il est blanc, avec des taches marron. Il a aussi un collier rouge, avec son nom et le numéro de téléphone de la maison.
La femme policier écrit toutes les informations dans un grand cahier et Matéo regarde les photos qui sont sur le mur, derrière la dame. Ce sont des photos de personnes disparues. Il y a des photos de personnes agées et des photos d'enfants. « Il n'y a pas de photos de chiens », pense Matéo. Brusquement, une photo attire son attention. C'est la photo d'un garçon avec des cheveux bruns, des

---

une mâchoire : *bouche des mammifères (chiens, chats, etc.).*
une tache : *marque d'une couleur différente du reste.*
une personne âgée : *vieille personne.*

Le garçon s'appelle Julien, il a 15 ans.

yeux verts et une petite cicatrice au menton. Son **visage** est très triste. Le garçon s'appelle Julien, il a 15 ans et il a disparu **depuis** une semaine. Matéo est sûr : il connaît ce visage. Il connaît ce garçon.

Toutes ces informations sont écrites sous la photo. Il y a aussi le numéro de téléphone des parents. Matéo cherche dans sa mémoire. Pourquoi est-ce qu'il est sûr de connaître Julien ? Ce n'est pas un garçon de sa classe : il est trop vieux, il a 15 ans.

> **le visage :** *partie du corps où se trouvent les yeux, le nez et la bouche.*
> **depuis :** Nous sommes le 14 mars. Le 7 mars, j'ai commencé les cours de dessin. Je prends des cours de dessin depuis une semaine.

CHAPITRE 2 **Avis de recherche**

**Presque tous les élèves** de la classe de Matéo ont 13 ans. Matéo aussi a 13 ans. Ce n'est pas un copain de sa sœur, impossible : Camille est vieille, elle a 20 ans et tous les copains de Camille ont le même âge qu'elle !

– Bon, si on retrouve ton chien, j'appelle chez toi.

Matéo n'entend pas la femme policier : il est très concentré sur la photo.

– C'est d'accord, j'appelle chez toi ?

– Dites, madame, quand un enfant disparaît, les policiers le retrouvent ?

– Bien sûr, c'est le travail des policiers de retrouver les personnes. Tu dis ça à cause de la photo de Julien ? On va retrouver ce garçon. Ton chien aussi, ne t'inquiète pas. Je t'appelle quand j'ai une information.

\* \* \*

Sur le chemin du collège, Matéo continue à chercher dans sa mémoire. Matéo a une très bonne mémoire : pour s'entraîner, il apprend des choses inutiles, par exemple des numéros de téléphone, des noms de rue, des noms d'acteurs de cinéma. **Et puis**, il lit une fois ses leçons et il les sait. Alors, pour le garçon du commissariat, il est sûr que... Ça y est !

---

**presque tous les élèves :** *la majorité des élèves.*
**et puis :** *et (dans une énumération), d'autre part.*

Le laveur de vitres, c'est le garçon du commissariat !

Il **se souvient** ! L'autre jour... au supermarché, avec son père... Au **feu** rouge... quand les voitures s'arrêtent, il y a toujours des jeunes qui veulent laver les **vitres** des voitures. Et l'autre jour, pas de doute, Matéo est sûr, le laveur de vitres, c'est le garçon du commissariat !

Quelle histoire ! Matéo a 13 ans mais il sait très bien que les policiers ne retrouvent pas toujours les personnes quand elles disparaissent. Ni les chiens.

Et c'est ainsi que Matéo, après sa visite au commissariat, décide de retrouver Caïman, son chien et Julien, le laveur de vitres.

**se souvenir** : *ici, avoir présent à sa mémoire une image du passé.*
**un feu** : *signal lumineux pour régler la circulation (il est rouge, orange ou vert). Quand le feu est rouge, les voitures s'arrêtent.*
**une vitre** : *ici, fenêtre de la voiture.*

17

# COMPRENDRE

## 1. Réponds aux questions.

a. Fais la description du chien de Matéo.
...............................................................................

b. Pourquoi le chien de Matéo s'appelle Caïman ?
...............................................................................

c. Qui est Julien ?
...............................................................................

d. Matéo connaît Julien ?
...............................................................................

## 2. Complète.

Complète l'avis de recherche de Julien.

Prénom : ................................................................
Sexe : ..................................................................
Âge : ...................................................................
Couleur des yeux : ...................................................
Couleur des cheveux : ...............................................
Signe particulier : ....................................................
Ville de la disparition : ..............................................
Numéro de téléphone à contacter : ............................

## 3. Réponds.

Que décide de faire Matéo à la sortie du commissariat ? Pourquoi ?

...............................................................................
...............................................................................
...............................................................................
...............................................................................

# CHAPITRE 3 À la recherche des disparus

À la sortie du collège, Matéo va directement au canal. Il retrouve ses amies, les vieilles dames, mais les informations ne sont pas bonnes : Caïman n'est pas à la SPA ; il n'est pas dans un cirque parce qu'il n'y a pas de cirque dans la ville en ce moment ; et les laboratoires n'utilisent pas les fox-terriers parce que, c'est bien connu, les fox-terriers ont très mauvais caractère. Matéo raconte sa visite au commissariat et les vieilles dames sont d'accord avec lui : il faut chercher Caïman et Julien.

– Mais nous ne pouvons pas aller au supermarché, dit Sophie, c'est très loin et nous n'avons pas de voiture !

– De toutes manières, il n'est pas au supermarché, c'est sûr : il est prudent ; s'il se cache, il ne peut pas rester toujours au même **endroit**, dit Roberte.

– Et mon chien ? demande Matéo.

– Pour ton chien, c'est la même chose, il n'est pas au bord du canal, il est probablement aussi dans la ville, dit Roberte.

un endroit : *lieu.*

CHAPITRE 3 **À la recherche des disparus**

Toutes les vieilles dames sont d'accord : il faut chercher Caïman et Julien, en ville. En ville, c'est très facile de disparaître.

* * *

Le soir, après l'école, Matéo marche dans les rues. Parfois, une vieille dame l'accompagne. Mais les vieilles dames marchent lentement, elles se fatiguent vite. Alors, Matéo préfère marcher seul.

Matéo marche. Il découvre des parcs, des jardins, des rues nouvelles. La ville est très grande. La ville n'est pas **toujours** jolie. Dans la ville, il y a beaucoup de fox-terriers et de garçons bruns mais ce ne sont pas Caïman ni Julien. Matéo pense qu'ils sont perdus pour toujours. L'hiver arrive. « Julien et Caïman ne peuvent pas vivre **dehors** avec le froid ! ». Avec le temps qui passe, Matéo pense que son chien et Julien sont **ensemble**. Camille, sa sœur, pense que maintenant Caïman vit avec une autre famille. Le père et la mère de Matéo ne font pas de commentaires mais ils pensent que Caïman est mort. Matéo ne veut pas penser que son chien est mort : il sait que Caïman va revenir à la maison parce que Caïman déteste l'hiver.

**toujours** : *ici, continuellement.*
**dehors** : *à l'extérieur.* Les enfants jouent dehors, dans le jardin.
**ensemble** : *l'un avec l'autre.*

Caïman déteste l'hiver.

CHAPITRE 3 **À la recherche des disparus**

Un soir, Matéo va chez le dentiste avec son père. Le dentiste habite dans une partie de la ville que Matéo ne connaît pas. Son père est en retard et il va vite avec la voiture. Matéo n'a pas le temps d'observer les gens et les chiens. Et puis les journées sont très courtes maintenant : il est 19 heures et il fait nuit. Matéo ne voit pas très bien. Brusquement, il crie :

– Papa, arrête-toi !

– Je ne peux pas, nous sommes en retard et puis il n'y a pas de place pour s'arrêter !

– Papa, s'il te plaît, arrête-toi, maintenant !

Matéo observe un garçon. Il est sûr que c'est Julien, le garçon du commissariat. Le garçon est **dans la lumière**, à côté d'une pharmacie et il aide un vendeur de journaux. Il a les cheveux longs mais il a les yeux tristes, comme sur la photo, au commissariat. Le père de Matéo s'arrête. Son fils est différent **depuis** la disparition de Caïman : retrouver son chien et le garçon du commissariat est une obsession. Matéo dort mal. Il ne travaille pas bien en classe. Il est triste et silencieux. Le père est préoccupé. Lui aussi, il cherche Caïman : la nuit, il prend la voiture et il cherche le chien dans les rues obscures de la ville.

**être dans la lumière :** *contraire de* être dans l'obscurité.
**depuis :** *ici, à partir de.*

– Julien ! crie de nouveau Matéo.

L'homme s'arrête et Matéo sort rapidement de la voiture.

– Attention ! crie son père.

Mais Matéo n'écoute pas. Il traverse la rue sans regarder, les voitures **klaxonnent**. Il court en direction de la pharmacie. Le garçon vend un journal à un client et il s'en va.

– Julien ! crie Matéo.

Le garçon se **retourne**, il cherche qui l'appelle puis il part très vite.

– Julien ! crie de nouveau Matéo.

**klaxonner :** *faire fonctionner le klaxon, un appareil sonore, dans la voiture, pour avertir une personne, une autre voiture...*
**se retourner :** *ici, changer de position pour regarder derrière.*

CHAPITRE 3 **À la recherche des disparus**

Mais le garçon est grand, il court vite, très vite, et quand Matéo arrive à la pharmacie, Julien a disparu.

– Papa, c'est lui ! C'est Julien ! Je suis sûr !

– Tu es sûr ? Bon, je te laisse chez le dentiste et j'appelle le commissariat, d'accord ?

Matéo est d'accord mais quand ils rentrent à la maison, il observe bien le nom des rues. Il veut être sûr de pouvoir revenir seul.

Et c'est ainsi que Matéo, après sa rencontre avec Julien, décide de découvrir le secret du garçon aux yeux tristes.

# COMPRENDRE

## 1. Réponds aux questions.
a. Que font les vieilles dames pour aider Matéo ?
b. Que fait Matéo pour retrouver son chien et Julien ?
c. Que fait le père de Matéo pour retrouver Caïman ?

## 2. Que pensent les personnages ?
Relie les phrases aux personnages.

a. Caïman est mort.　　　　　　　　　1. les vieilles dames
b. Caïman et Julien se cachent en ville.　2. Camille
c. Caïman vit dans une autre famille.　　3. Matéo
d. Caïman va revenir.　　　　　　　　4. les parents de Matéo

## 3. Vrai ou faux ?
　　　　　　　　　　　　　　　　　　　　V　F
a. Matéo rencontre Julien chez le dentiste.
b. Julien travaille dans une pharmacie.
c. C'est Matéo qui reconnaît Julien.
d. C'est le père de Matéo qui reconnaît Julien.
e. Julien parle à Matéo.

## 4. Coche les bonnes réponses.
Matéo est :
a. déterminé　　　　　d. imprudent
b. indifférent　　　　　e. indépendant
c. observateur　　　　f. égoïste

..............................................................................
..............................................................................
..............................................................................

Il rend la monnaie à un client.

## CHAPITRE 4 Le secret

Aujourd'hui, c'est le jour idéal pour mettre son projet à exécution. C'est dimanche et, le dimanche, les gens sortent et achetent des croissants et le journal. Alors Matéo se lève **tôt**. Il écrit un **petit mot** à ses parents, le met sur la table de la cuisine puis il prend le bus pour aller à la pharmacie. Les suppositions de Matéo sont exactes : quand le bus arrive, la première personne qu'il voit, c'est Julien. Le bus s'arrête, Matéo descend et il avance comme pour acheter le journal. Le garçon **ne fait pas attention à** lui, **il rend la monnaie** à un client. Matéo regarde attentivement Julien : pas de doute, c'est bien le garçon du commissariat. Ses yeux sont verts et la petite cicatrice au menton est très visible : elle est très rouge avec le froid. Le garçon est maigre et **pâle**.

– Tu t'appelles Julien ?

Le garçon ne répond pas.

**tôt :** *contraire de* tard.
**un petit mot :** *message court.*
**il ne fait pas attention à (quelqu'un) :** *il ne voit pas (quelqu'un).*
**rendre la monnaie :** J'achète un livre qui coûte 6 euros. Je donne 10 euros. Le vendeur me rend la monnaie (4 euros).
**pâle :** *blanc.*

CHAPITRE **4** **Le secret**

– Il y a ta photo au commissariat. Tes parents te cherchent.

– Ah oui ! Eh bien, ils peuvent chercher !!!

– J'imagine qu'ils sont tristes.

– Laisse-moi tranquille ! Et puis, tu es qui, toi ? Qu'est-ce que tu veux ?

– Mais je ne veux rien ! Je cherche mon chien, c'est **comme ça** que j'ai vu ta photo au commissariat.

– Alors, cherche ton chien et ne dis pas que tu me connais !

– Tu peux avoir confiance en moi. Je ne suis pas **bavard**. Mais dis-moi, pourquoi tu es parti ?

– Bon… Voilà… Mes parents veulent me mettre en **pension** !

– C'est dur ! Et pourquoi ?

– J'ai des notes catastrophiques au lycée. Les études, ça ne m'intéresse pas.

– Qu'est-ce qui t'intéresse alors ?

– La magie ! Je veux être magicien !

– Il y a des magiciens dans ta famille ?

– Mon père est prof de maths et ma mère prof de chimie ! Quand je parle de magie, ils me disent « Monte dans ta chambre et pense à ton **avenir** ! »

---

**comme ça** : *de cette manière.*
**bavard** : *ici, qui raconte tout à tout le monde.*
**la pension** : *établissement scolaire où les élèves sont internes.*
**l'avenir** : *futur.*

Julien n'est pas tranquille. Il parle sans regarder Matéo : il observe attentivement les personnes qui passent dans la rue. Il ne veut pas que ses parents ni la police le trouvent ! Il a un plan. Il veut résister jusqu'en décembre mais l'hiver arrive, il commence à faire froid. Il ne peut pas vivre dans la rue.

– Pourquoi tu ne vas pas au commissariat ? Je connais une femme policier, elle est très gentille. Elle s'occupe de trouver les enfants disparus et les chiens. Si tu lui racontes ton histoire…

– Elle va immédiatement appeler mes parents et demain, je suis en pension !

– Mais tu ne peux pas continuer comme ça ! Viens avec moi, je sais où tu peux te cacher.

– C'est vrai ? Où ?

---

gentil(le) : *aimable.*
se cacher : *disparaître, dissimuler sa présence.*

CHAPITRE 4 **Le secret**

– J'habite à côté du canal.
– Parfait, c'est loin de chez moi. Tu t'appelles comment ?
– Matéo.
– Alors Matéo, si tu m'aides, je t'aide à trouver ton chien.

Julien ne sait pas pourquoi, mais il a confiance en Matéo.

\* \* \*

Matéo et Julien partent en direction du canal. Ils marchent et Julien explique son plan à Matéo : en décembre, il y a un grand cirque qui vient chaque année dans son **quartier**. Julien connaît le magicien : tous les ans, il va voir son spectacle. C'est un spectacle magnifique ! Julien va montrer au magicien les **tours** qu'il sait faire. Il va demander de partir avec le cirque. Julien est sûr que le magicien va accepter.

– Tu sais, en ce moment, j'apprends à **subtiliser** des objets.
– C'est quoi, « subtiliser » des objets ?
– Regarde dans la **poche** droite de ta veste.
– Pourquoi ?

**un quartier :** *partie d'une ville.*
**un tour (de magie) :** *exercice que fait un magicien, un prestidigitateur.*
**subtiliser (un objet) :** *prendre discrètement (un objet).*
**une poche :** *partie d'un vêtement qui permet de mettre des objets (clefs, monnaie…).*

Ils rient.

– Regarde, tu vas comprendre !
– Les clefs de la maison !!! Elles ne sont pas dans ma poche…
– Normal, elles sont dans MA poche !
– Et mes tickets de bus ???!!!
– Ils sont dans mon autre poche !

Et Julien donne les clefs et les tickets de bus à Matéo. Ils rient. C'est la première fois que Matéo voit Julien rire. Et c'est ainsi que Matéo, enchanté de connaître un authentique **fugueur** et un futur magicien, décide de demander de l'aide à ses amies, les vieilles dames.

**un fugueur :** *adolescent qui part de chez lui (pour aller vivre seul), sans rien dire à ses parents.*

31

# COMPRENDRE

## 1. Replace dans l'ordre.
Remets l'histoire dans l'ordre chronologique.
a. Matéo retrouve Julien devant la pharmacie.
b. Julien montre ses talents de magicien.
c. Julien raconte son histoire.
d. Julien et Matéo partent vers le canal.
e. Matéo prend le bus pour aller à la pharmacie.
f. Matéo propose son aide.

## 2. Réponds aux questions.
a. Pourquoi Julien a abandonné sa famille ?

......................................................................................

b. Quelle est sa passion ?

......................................................................................

c. Quel est son plan ?

......................................................................................

d. Que propose Matéo ?

......................................................................................

## 3. Vrai ou faux ?                                      V    F
a. Julien est en forme.
b. Julien travaille bien au lycée.
c. Ses parents sont magiciens.
d. Julien apprend la magie.
e. Julien travaille dans un cirque.

## 4. À ton avis.
Que va demander Matéo à ses amies, les vieilles dames ?

......................................................................................

......................................................................................

**CHAPITRE 5** — **Les vieilles dames passent à l'attaque**

Le dimanche, les vieilles dames vont au marché de fruits et légumes qui est sur le boulevard. Elles achètent des pommes, des bananes, deux ou trois tomates. Les vieilles dames ne mangent pas beaucoup, **sauf** Annette qui est très sportive. Elles achètent aussi des fleurs, le journal, pour les **mots croisés**, et le programme de télévision. Puis elles reviennent lentement par le canal. Au canal, elles s'assoient sur les bancs et elles parlent avant d'aller manger. Elles sont toutes les quatre là quand Matéo et Julien arrivent. Matéo fait les présentations et il raconte l'histoire extraordinaire de Julien.

– Magicien, c'est un joli **métier** ! dit Sophie.

– Oui, mais il faut avoir du talent, dit Roberte.

– Oh, mais Julien est **très fort** ! dit Matéo. Julien, montre les tours que tu sais faire. Tu sais, la « sutilisation » d'objets.

– La subtilisation, dit Julien avec un sourire.

---

**sauf** : excepté.
**les mots croisés** : jeu qui consiste à trouver des mots à partir de définitions et à les placer dans une grille (horizontalement ou verticalement).
**un métier** : profession.
**très fort** : excellent, exceptionnel.

CHAPITRE 5 **Les vieilles dames passent à l'attaque**

Attention mesdames, vérifiez si vous avez toutes vos **affaires personnelles** !

Les vieilles dames vérifient si elles ont tout.

– Mon **porte-monnaie** ! crient Roberte et Françoise en même temps.

– Voici le porte-monnaie de Roberte, c'est le noir, n'est-ce pas ? Et le porte-monnaie de Françoise, c'est le marron ?

– Et mon **foulard** ? demande Annette. Où est mon foulard ?

– Mais le voici ! dit Julien. Et dans ses mains, il y a une magnifique fleur rouge mais toutes les vieilles dames devinent que c'est le foulard d'Annette.

Les vieilles dames applaudissent. Elles s'amusent beaucoup, Matéo et Julien aussi.

– Cet enfant **est** très **doué**, dit Roberte. Bon, qu'est-ce que nous faisons ?

– D'abord, il faut cacher Julien, répond Sophie, c'est évident !

Matéo est content : les vieilles dames sont merveilleuses et elles ont toujours des idées fantastiques.

---

**les affaires personnelles :** *objets, choses personnelles.*
**un porte-monnaie :** *J'ai trois euros. Je les mets dans mon porte-monnaie.*
**un foulard :** *morceau de tissu qu'on met autour du cou ou sur la tête, par élégance ou pour nous protéger du froid.*
**il est doué :** *il est excellent, il a un grand talent.*

Les vieilles dames applaudissent.

## CHAPITRE 5 Les vieilles dames passent à l'attaque

– Chez moi ! dit Annette.

– Ou chez moi ! Chez moi, il peut dormir dans la chambre de mes petits-enfants, dit Françoise.

– Vous êtes complètement irresponsables ! dit Roberte. Cet enfant a des parents, ne l'oubliez pas, et ils sont sûrement désespérés.

– Attends, continue Sophie, nous allons parler avec eux, bien sûr !

Julien n'est pas d'accord : il connaît bien ses parents. Ils sont inflexibles !

– Ne t'inquiète pas : les grands-mères savent parler aux parents ! dit Annette.

– Et il faut aussi aller au commissariat, dit Roberte.

Julien ne veut pas : aller au commissariat, c'est partir en pension.

– Non, Julien, les policiers ne peuvent pas te mettre en pension ! explique Roberte avec calme.

Mais Julien résiste. Il ne veut pas aller au commissariat. Il préfère se cacher chez Françoise et attendre le résultat de la conversation des vieilles dames avec ses parents.

– Bon, il faut s'organiser ! dit Roberte. Voici le plan : un, on cache Julien. Deux, on parle avec ses parents. Trois, on va voir le commissaire.

– Vous êtes complètement irresponsables !

– Alors qui fait quoi ? demande Françoise.
– Eh bien, toi, tu caches Julien. Sophie va au commissariat et Annette et moi, on s'occupe des parents, dit Roberte.

Sophie n'est pas d'accord : elle n'aime pas les commissariats. Il faut toujours attendre pendant des heures, surtout les vieilles dames. Et puis Sophie aime l'action !

CHAPITRE 5 **Les vieilles dames passent à l'attaque**

– Bon d'accord, dit Roberte, c'est moi qui vais au commissariat.

Toutes les vieilles dames sont enfin d'accord. Matéo et Julien aussi.

Julien donne son adresse. Il est inquiet.

– S'il vous plaît, ne dites pas immédiatement à mes parents où je suis.

– Bon, tout le monde à la maison, dit Roberte. Une dure journée nous attend. Demain, rendez-vous à midi chez Françoise. Et toi, Julien, mange : tu es **maigre à faire peur** ! Les magiciens mangent aussi !

Avant de partir, les vieilles dames donnent une tomate, une banane et une pomme à Françoise pour le repas de Julien.

Et c'est ainsi que Julien, ancien fugueur et futur magicien, décide de faire confiance aux vieilles dames et part se cacher chez Françoise.

**maigre à faire peur :** *très, très maigre.*

# COMPRENDRE

## 1. Replace dans l'ordre.
Remets l'histoire dans l'ordre chronologique.
a. Julien part chez Françoise.
b. Matéo présente Julien à ses amies.
c. Les vieilles dames décident de s'occuper de Julien.
d. Julien fait un tour de magie.
e. Roberte fait un plan pour le jour suivant.

## 2. Réponds aux questions.
a. Que pense Julien de ses parents ?

...................................................................................
...................................................................................

b. Pourquoi Julien ne veut pas aller au commissariat ?

...................................................................................
...................................................................................

c. Quelle solution préfère Julien ?

...................................................................................
...................................................................................

## 3. À ton avis.
Que va faire chaque vieille dame pour aider Julien ?

...................................................................................
...................................................................................
...................................................................................

– Ils ont l'air malheureux ! dit Annette.

# CHAPITRE 6 — Tout est bien qui finit bien

Tôt ce lundi matin, deux vieilles dames, assises sur un banc, attendent tranquillement devant une maison. Les vieilles dames sont habillées avec beaucoup d'élégance. Brusquement, un homme et une femme sortent de la maison : ils ont l'air très tristes.

– Les voilà ! Ce sont les parents de Julien. Ils ont l'air malheureux ! dit Annette.

Les deux vieilles dames avancent lentement. La mère de Julien a les yeux rouges, elle pleure. Le père a l'air très sévère mais il a les yeux rouges aussi.

– Madame, monsieur, excusez-nous, nous pouvons vous parler ? Nous sommes les amies de Julien.

– Les amies de Julien ! Comment va-t-il ? demande la mère, préoccupée.

– Ne vous inquiétez pas, il va bien.

– S'il vous plaît, dites-nous où il est. Nous sommes très préoccupés, disent en même temps le père et la mère de Julien.

– À une condition, dit Sophie.

---

**tout est bien qui finit bien :** *expression qui signifie qu'une fin heureuse termine une série de moments désagréables.*
**avoir l'air :** *paraître, avoir l'apparence de.*
**malheureux :** *contraire de heureux ; triste.*

CHAPITRE ⑥ **Tout est bien qui finit bien**

« Elle exagère ! » pense Annette.

– Quelle est la condition ? demande immédiatement le père.

– Il faut suivre nos instructions.

– Très bien.

– Alors, venez à midi exactement, au 14 rue Paul Séjourné, deuxième étage. C'est à côté du canal. Nous vous attendons.

* * *

Pendant ce temps, Roberte attend au commissariat. À dix heures, une femme policier s'approche enfin. Roberte explique toute l'histoire, mais la femme policier n'est pas surprise :

– Les professeurs sont toujours très sévères avec leurs enfants. Mais, après une fugue de l'enfant, ils changent.

– Et puis, cet enfant a beaucoup de talent ! s'exclame Roberte.

– Voilà une histoire qui se termine bien ! Ah, j'ai une bonne nouvelle pour Matéo : son chien est dans un camping, qui se trouve à dix kilomètres de la ville. Le propriétaire dit qu'il mange bien, mais qu'il est triste. Caïman ! Un nom très spécial pour un chien !

– Il faut suivre nos instructions.

– Oui, les enfants ont beaucoup d'imagination, dit Roberte.

Et elle part pour arriver à l'heure chez Françoise.

* * *

Quelle surprise quand Roberte entre chez Françoise : la salle à manger est transformée en théâtre ! Toutes les vieilles dames et Matéo sont assis et il y a deux nouvelles personnes, un homme et une femme.

– Nous te présentons madame et monsieur Cambert, les parents de Julien. Et maintenant, silence ! Le spectacle va commencer !

CHAPITRE 6 **Tout est bien qui finit bien**

Le spectacle commence : Julien est habillé avec une magnifique cape noire et rouge de magicien. Il fait apparaître et disparaître les porte-monnaie, les clefs, les foulards, le stylo de son père, l'agenda de sa mère ! Des oiseaux et des fleurs sortent de ses mains ! Un véritable festival de magie !

– Fantastique ! crient les vieilles dames.

– Un autre ! crie Matéo.

– Mon fils est vraiment très doué ! dit le père.

– Mon Julien, c'est magnifique ! pleure la mère.

Quand le spectacle se termine, tout le monde pleure, tout le monde s'embrasse.

– Papa, maman, merci ! C'est la première fois que vous regardez un de mes spectacles ! dit Julien.

– Merci mesdames, merci infiniment, disent le père et la mère de Julien en même temps.

– Merci, Matéo, dit Julien.

Et tout le monde pleure et s'embrasse à nouveau.

– Julien, dit le père, je connais une très bonne école du cirque. Là, les jeunes apprennent la magie et... les mathématiques aussi. C'est bien, non ? Ta mère et moi, nous sommes d'accord.

– Fantastique ! Je commence quand ?

---

vraiment : *réellement.*
s'embrasser : *se faire une bise, se donner un baiser.*
En France, en famille, les gens s'embrassent. Ils se font une, deux, trois ou quatre bises.

Un chien très heureux file en voiture avec son maître.

Et cette fois, tout le monde rit !

Et Caïman dans cette histoire ?

Caïman est vraiment heureux ! Le soir même du spectacle de magie, Matéo va au camping avec son père.

– Caïman ! crie Matéo.

D'abord, Caïman **fait le sourd**. « Deux mois pour me trouver, c'est long ! » pense le chien.

Allez Caïman, viens ! ! ! supplient Matéo et son père. « Décidément, je suis indispensable dans cette famille !!! Ouah ! Ouah ! ».

Et Caïman se précipite sur Matéo et son père. Puis il embrasse ses maîtres à sa manière !

C'est ainsi que se termine l'histoire : un chien très heureux **file** en voiture avec son maître. Ce chien ne sait pas que, grâce à son mauvais caractère, un enfant est de nouveau heureux chez ses parents et deux garçons sont amis pour la vie !

**il fait le sourd :** *il simule qu'il n'entend pas.*
**filer :** *aller vite.*

# COMPRENDRE

## 1. Replace dans l'ordre.
Remets l'histoire dans l'ordre chronologique.
a. Les parents de Julien acceptent la condition de Sophie.
b. Julien fait un spectacle.
c. Matéo retrouve son chien.
d. Annette et Sophie rencontrent les parents de Julien.
e. Les parents félicitent Julien.
f. Tout le monde se retrouve chez Françoise.

## 2. Associe.
Quelle signification ont les phrases suivantes dans le chapitre ?

a. Nous sommes des amies de Julien.
b. Ne vous inquiétez pas.
c. Il faut suivre nos instructions.
d. Mon fils est vraiment très doué !
e. Je commence quand ?
f. Deux mois pour me trouver, c'est long !

1. ne pas être content
2. accepter une proposition
3. se présenter
4. tranquilliser
5. donner un ordre
6. féliciter

## 3. Réponds.
Pourquoi l'histoire se termine bien ?

..................................................................................
..................................................................................
..................................................................................

# DISCUTER

## Réfléchis...

Relis toute l'histoire. À ton avis, quel est le personnage principal de cette histoire ?
- Caïman ?
  Matéo ?
- Julien ?
- Tous les trois ?
- Explique ton point de vue.

## À ton avis...

a. Tu as un animal de compagnie, un chien, un chat ? Qu'est-ce que tu fais s'il disparaît ? Tu fais comme Matéo ?
b. Qu'est-ce que tu penses des vieilles dames ? Tu as une grand-mère comme elles ?

## Discute...

À ton avis, cette histoire est possible dans la vie réelle ?

# CORRIGÉS

## Page 11
1. d – a – f – c – e – b
2. a. Sophie ; b. Caïman ; c. Annette ; d. Françoise ; e. Le père de Matéo ; f. Matéo
3. Observer le canal, appeler les laboratoires, les cirques, la SPA, aller à la police.

## Page 18
1. a. C'est un fox-terrier, blanc avec des taches marron et un collier rouge ;
b. Parce qu'il a une grande mâchoire comme les crocodiles. ; c. Un garçon disparu ;
d. Oui, parce que Julien lave les voitures au supermarché où va Matéo.
2. Julien : masculin ; 15 ans ; verte ; bruns ; cicatrice au menton ; Toulouse ; 0561194702
3. Retrouver son chien et Julien parce qu'il ne fait pas confiance aux policiers.

## Page 25
1. a. Elles observent le canal, téléphonent aux cirques, aux laboratoires, à la SPA. ;
b. Il marche dans la ville. ; c. Il cherche le chien la nuit.
2. a. les parents de Matéo ; b. les vieilles dames ; c. Camille ; d. Matéo
3. a. faux ; b. faux ; c. vrai ; d. faux ; e. faux
4. a. Chaque jour, il cherche son chien. ; c. Il reconnaît Julien immédiatement ;
d. Il ne fait pas attention aux voitures. ; e. Il cherche tout seul.

## Page 32
1. e – a – c – f – d – b
2. a. Parce que ses parents veulent le mettre en pension. ; b. La magie. ; c. Partir avec un cirque en décembre. ; d. Cacher Julien.
3. a. faux ; b. faux ; c. faux ; d. vrai ; e. faux
4. Réponse libre.

## Page 39
1. b – d – c – e – a
2. a. Qu'ils sont inflexibles. ; b. Il pense qu'il va aller en pension. ; c. Se cacher chez Françoise et attendre que les vieilles dames parlent à ses parents.
3. Françoise cache Julien. Annette et Sophie parlent aux parents. Roberte va au commissariat.

## Page 46
1. d – a – f – b – e – c
2. a. se présenter ; b. tranquilliser ; c. donner un ordre ; d. féliciter ; e. accepter une proposition ; f. ne pas être content.
3. L'histoire se termine bien : les parents de Julien acceptent la passion de leur fils pour la magie. Julien va apprendre la magie et les mathématiques dans une école spéciale. Caïman retrouve son maître. Julien et Matéo sont amis.